Explorar los recursos
del planeta

Usar el carbón, el petróleo y el gas

Sharon Katz Cooper

Heinemann Library
Chicago, Illinois

Customer Service   888–363–4266

Visit our website at www.heinemannraintree.com

Spanish translation produced by DoubleO Publishing Services
Designed by Michelle Lisseter
Printed and bound in China, by South China Printing Company

11 10 09 08 07
10 9 8 7 6 5 4 3 2 1

Library of Congress Cataloging-in-Publication Data

Katz Cooper, Sharon.
  [Using coal, oil, and gas. Spanish]
  Usar el carbón, el petróleo y el gas / Sharon Katz Cooper.
      p. cm. -- (Explorar los recursos del planeta)
  Includes index.
  ISBN 1-4329-0240-7 (hb - library binding) -- ISBN 1-4329-0248-2 (pb)
  1. Coal--Juvenile literature. 2. Petroleum--Juvenile literature. 3. Natural gas--Juvenile
literature. I. Title.
  TN801.K3818 2007
  553.2--dc22
                                                  2007010920

Acknowledgments
The publishers would like to thank the following for permission to reproduce photographs:
Alamy pp. **14** (Marie-Louise Avery), **18** (PHOTOTAKE Inc.), **19** (Horizon International Images
Limited); Corbis pp. **9** (SABA/Peter Blakely), **11** (Royalty Free), **12** (Paul A. Souders), **17**, **21**
(Royalty Free), **21** (Mango Productions); Getty p. **22** (Photodisc); Harcourt Education p. **13**
(Tudor Photography); Jupiter p. **5** (Banana Stock); Rex Features p. **15**; Science Photo Library
& istock & Getty Images p. **4** (Photodisc); Still pictures pp. **8** (UNEP/S.Compoint), **10** (Peter
Frischmuth), **16** (Jochen Tack/Das Fotoarchiv), **20** (Jeff Greenberg).

Cover photograph reproduced with permission of Alamy (Mark Sykes).

Contenido

Algunas palabras aparecen en negrita, **como éstas**. Las encontrarás en el glosario que aparece en la página 23.

¿Qué son el carbón, el petróleo y el gas natural?

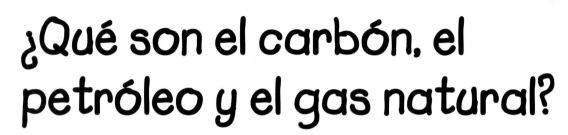

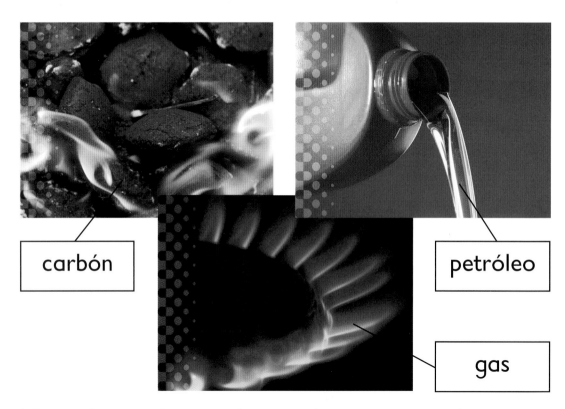

carbón

petróleo

gas

El carbón, el petróleo y el gas natural
son **recursos naturales**.

Los recursos naturales vienen
de la Tierra.

El carbón, el petróleo y el gas natural
son combustibles.

Usamos los combustibles para
obtener **energía**.

¿De qué se componen el carbón, el petróleo y el gas?

①

árboles podridos

lodo

El carbón, el petróleo y el gas natural son **combustibles fósiles**.

Son los restos de plantas y animales que vivieron hace mucho tiempo.

6

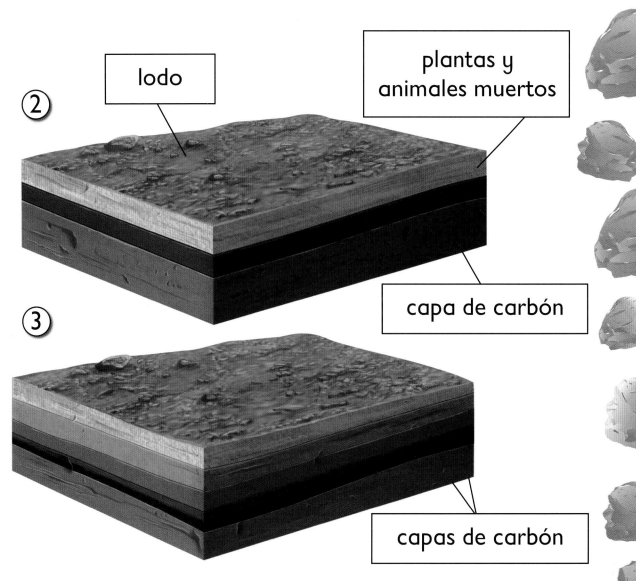

② lodo

plantas y animales muertos

capa de carbón

③

capas de carbón

Una capa de lodo denso cubrió estas plantas y animales una vez muertos.

Después de mucho tiempo, se volvieron carbón, petróleo o gas.

7

¿Cómo encontramos el carbón, el petróleo y el gas?

petróleo

Encontramos **combustibles fósiles** bajo tierra, a mucha profundidad.

Taladramos muy profundo dentro de la Tierra. Bombeamos para sacar el petróleo y el gas natural.

Los barcos y grandes tuberías mueven
el petróleo y el gas natural.

Llevan los combustibles fósiles a lugares
donde los podemos usar.

El carbón también se encuentra en las profundidades de la Tierra.

Cuando los científicos descubren un lugar con mucho carbón, los trabajadores excavan una **mina**.

Los mineros se adentran en las profundidades de la Tierra y cavan para sacar el carbón.

Unos trenes especiales sacan el carbón a la superficie.

11

¿Cómo usamos el carbón, el petróleo y el gas?

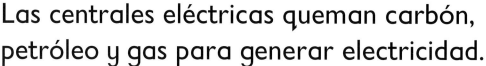
Las centrales eléctricas queman carbón, petróleo y gas para generar electricidad.

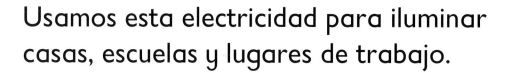
Usamos esta electricidad para iluminar casas, escuelas y lugares de trabajo.

También usamos los **combustibles fósiles** para fabricar plásticos.

Muchos de los objetos que usas todos los días están hechos de plástico.

13

En algunas casas se usa el gas natural para cocinar y para calentarse.

Al quemarse el gas, la llama es azul.

Muchas personas de todo el mundo
queman carbón para calentarse y cocinar.

Usamos el gas, el petróleo y el carbón para desplazarnos.

Muchos trenes y aviones usan combustible diésel. El diesel es un tipo de petróleo.

La mayor parte de los carros funcionan
con gasolina.

La gasolina también está hecha de petróleo.

¿Quién estudia el carbón, el petróleo y el gas?

Los científicos que estudian las rocas se llaman **geólogos**.

Buscan nuevos lugares donde taladrar para encontrar petróleo y gas.

Los **ingenieros** buscan las formas más
seguras de extraer combustibles de la Tierra.

19

¿Nos quedaremos sin carbón, petróleo y gas?

Los combustibles fósiles son **no renovables**.

Una vez que los hayamos gastado,
ya no quedará nada.

Para hacer que los combustibles fósiles
duren más, podemos usar bicicletas
en lugar de carros.

Podemos usar tipos de **energía** diferentes,
como la energía eólica.

Generar electricidad

Usamos **combustibles fósiles** para
generar electricidad. Mira esta fotografía.
¿Qué objetos funcionan con electricidad?
¿Qué objetos funcionan a gas?

¿Se te ocurren cuatro formas de consumir
menos electricidad en casa?

Glosario

energía algo que produce potencia

ingeniero científico que sabe
cómo hacer máquinas y arreglarlas

combustible fósil gas, petróleo o carbón.
Los combustibles fósiles se componen de plantas
y animales que vivieron hace mucho tiempo.

geólogo científico que estudia
las rocas

mina lugar en la tierra donde
se halla el carbón

recurso natural material de
la Tierra que podemos usar

no renovable algo que no durará
para siempre y que se agotará
algún día

Índice

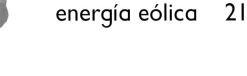